Impressum
Verlag: BABADADA GmbH, Nedderfeld 112 , 22529 Hamburg
Geschäftsführer / Verlagsleitung: Harald Hof
Druck: Books on Demand GmbH, In de Tarpen 42, 22848 Norderstedt

Imprint
Publisher: BABADADA GmbH, Nedderfeld 112 , 22529 Hamburg, Germany
Managing Director / Publishing direction: Harald Hof
Print: Books on Demand GmbH, In de Tarpen 42, 22848 Norderstedt, Germany

школа
škola

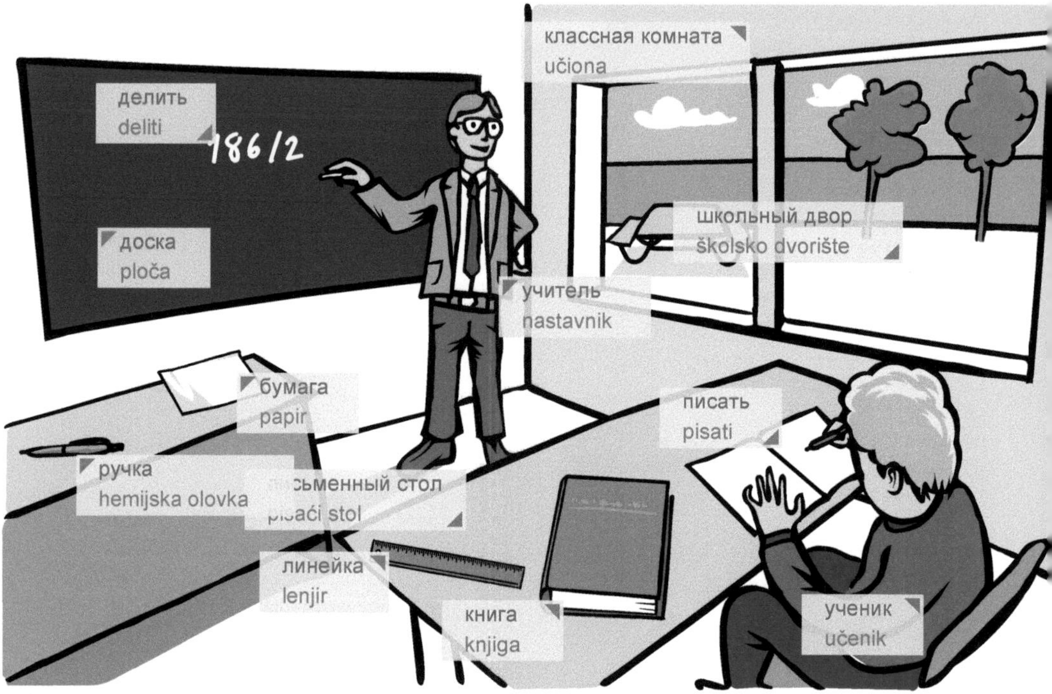
классная комната
učiona
делить
deliti
186/2
доска
ploča
школьный двор
školsko dvorište
учитель
nastavnik
бумага
papir
писать
pisati
ручка
hemijska olovka
письменный стол
pisaći stol
линейка
lenjir
книга
knjiga
ученик
učenik

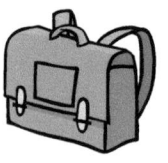

ранец
torba

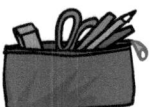

пенал
pernica

карандаш
grafitna olovka

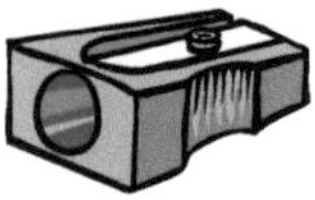

точилка
šiljilo za olovke

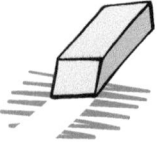

ластик
gumica za brisanje

альбом для рисования
blok za crtanje

рисунок

crtež

кисточка

kist

коробка красок

kutija sa bojama

ножницы

makaze

клей

lepilo

тетрадь

beležnica

домашняя работа

domaći zadatak

12

цифра

broj

2+2

прибавлять

sabirati

5-2

вычитать

oduzimati

2×2

умножать

množiti

считать

računati

A

буква

slovo

ABCDEFG HIJKLMN OPQRSTU VWXYZ

алфавит

abeceda

hello

слово

reč

текст

tekst

читать

čitati

мел

kreda

урок

čas

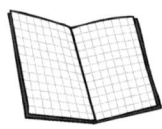

классный журнал

dnevnik

экзамен

ispit

диплом

svedočanstvo

школьная форма

školska uniforma

образование

obrazovanje

энциклопедия

leksikon

университет

univerzitet

микроскоп

mikroskop

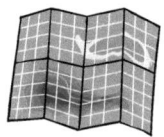

карта

karta

корзина для бумаг

košara za papir

путешествие

putovanje

гостиница
hotel
Grand
турбаза
prenoćište
ROOMS
пункт обмена валюты
menjačnica
CHANGE
чемодан
kofer
автомобиль
auto

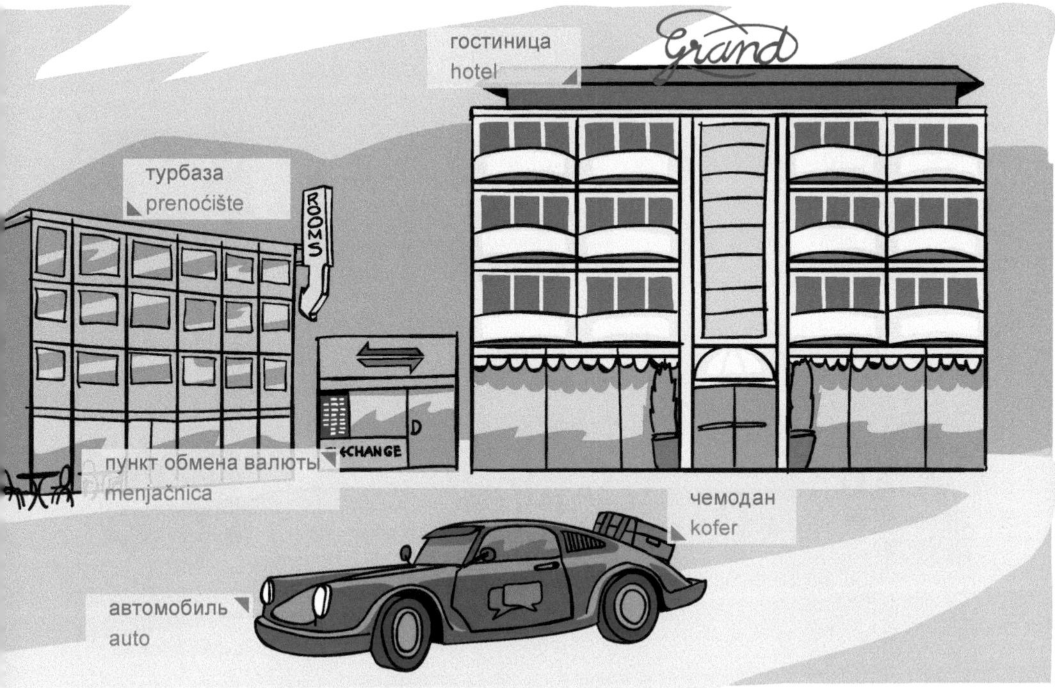

язык

jezik

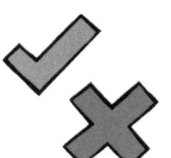

да / нет

da / ne

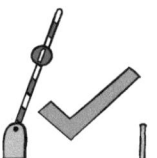

хорошо

okej

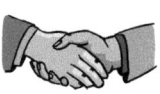

Привет

zdravo

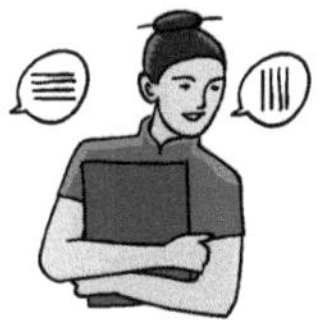

переводчик

prevodilac

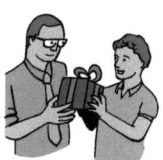

Спасибо

hvala

Сколько стоит…?

Koliko košta…?

Я не понимаю

ne razumem

проблема

problem

Добрый вечер!

dobro veče!

Доброе утро!

Dobro jutro!

Доброй ночи!

Laku noć!

До свидания

doviđenja

направление

smer

багаж

prtljaga

сумка

torba

рюкзак

ruksak

гость

gost

комната

soba

спальный мешок

vreća za spavanje

палатка

šator

туристическая
информация
turističke informacije

пляж
plaža

кредитная карточка
kreditna kartica

завтрак
doručak

обед
ručak

ужин
večera

билет
karta za vožnju

лифт
lift

почтовая марка
poštanska markica

граница
granica

таможня
carina

посольство
ambasada

виза
viza

паспорт
pasoš

транспорт
transport

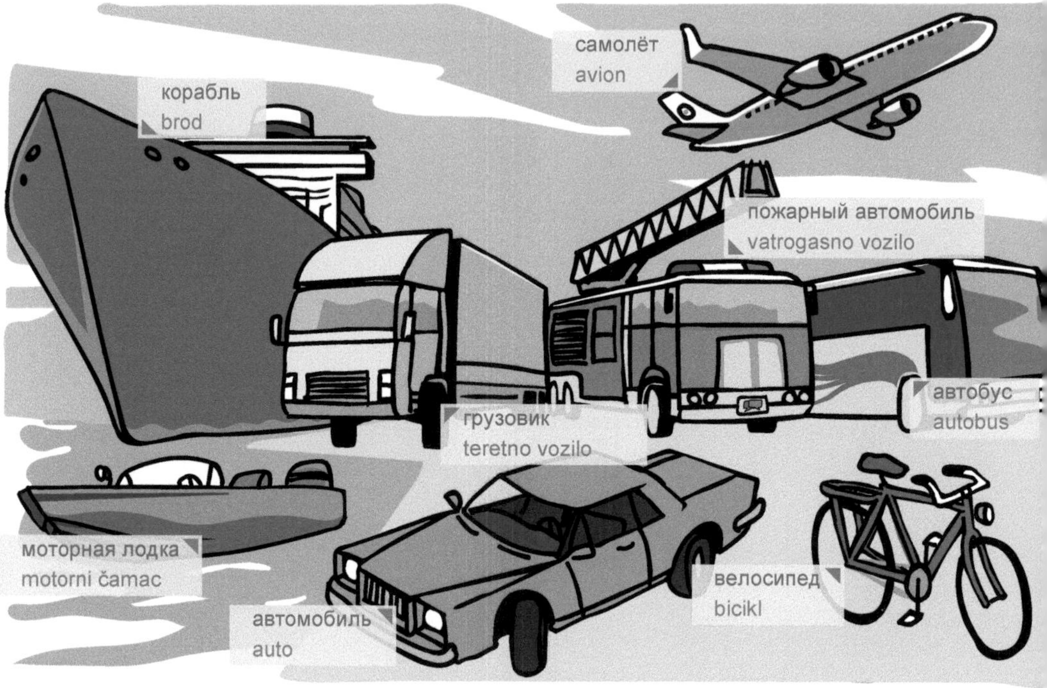
самолёт
avion
корабль
brod
пожарный автомобиль
vatrogasno vozilo
автобус
autobus
грузовик
teretno vozilo
моторная лодка
motorni čamac
велосипед
bicikl
автомобиль
auto

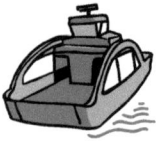

паром

trajekt

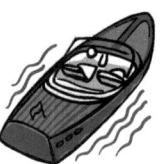

лодка

čamac

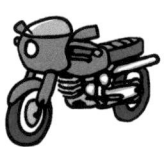

мотоцикл

motocikl

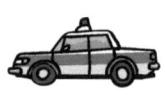

полицейский автомобиль

policijski auto

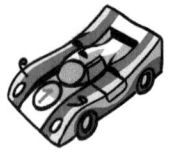

гоночный автомобиль

trkaći auto

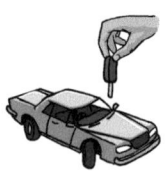

арендованный автомобиль

iznajmljeno auto

совместное пользование
автомобилями

delenje automobila

буксировочный
автомобиль
vučno vozilo

мусоровоз

vozilo za odvoz smeća

двигатель

motor

топливо

benzin

заправка

benzinska stanica

дорожный знак

saobraćajni znak

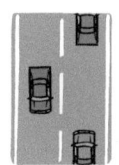

движение

saobraćaj

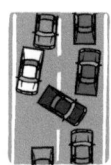

пробка

zastoj

автостоянка

parkiralište

вокзал

železnička stanica

рельсы

šine

поезд

voz

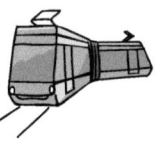

трамвай

tramvaj

вагон

vagon

вертолёт

helikopter

аэропорт

aerodrom

вышка

kula

пассажир

putnik

контейнер

kontejner

коробка

karton

тележка

kolica

корзина

korpa

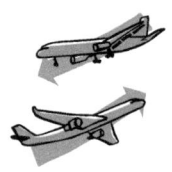

взлетать / приземляться

uzleteti / sleteti

город

grad

деревня

selo

центр города

centar grada

дом

kuća

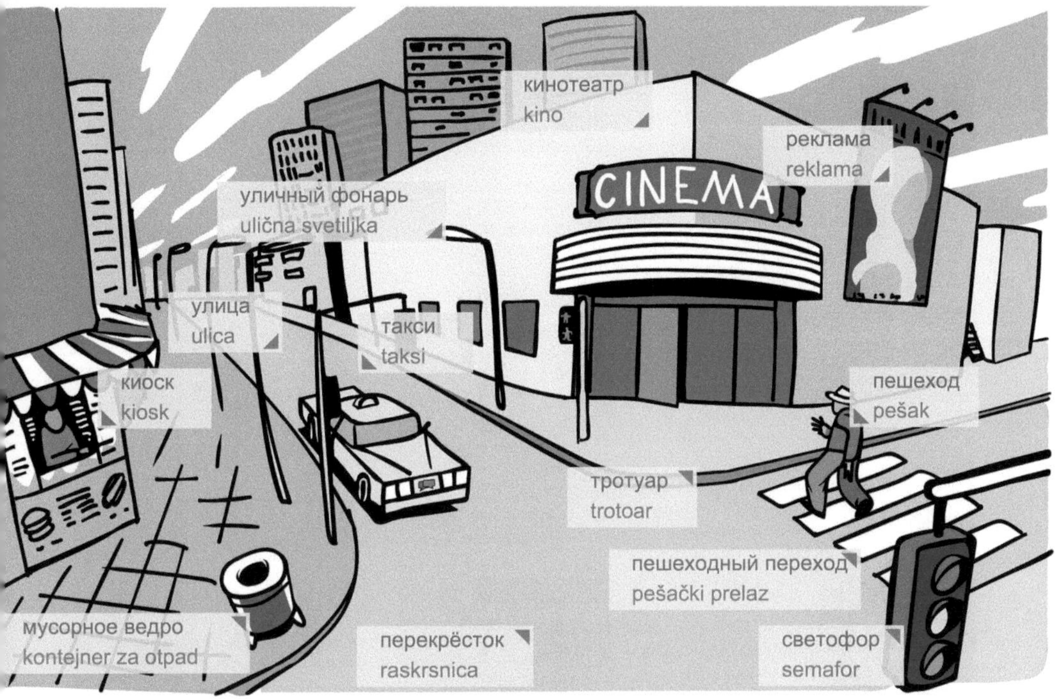

кинотеатр
kino

реклама
reklama

уличный фонарь
ulična svetiljka

улица
ulica

такси
taksi

пешеход
pešak

киоск
kiosk

тротуар
trotoar

пешеходный переход
pešački prelaz

мусорное ведро
kontejner za otpad

перекрёсток
raskrsnica

светофор
semafor

хижина

koliba

квартира

stan

вокзал

železnička stanica

ратуша

većnica

музей

muzej

школа

škola

город - grad

университет

univerzitet

банк

banka

больница

bolnica

гостиница

hotel

аптека

apoteka

офис

kancelarija

книжный магазин

knjižara

магазин

prodavnica

цветочный магазин

cvećara

супермаркет

supermarket

рынок

trg

универмаг

robna kuća

торговец рыбой

ribarnica

торговый центр

trgovački centar

порт

luka

парк

park

скамейка

klupa

мост

most

лестница

stepenice

метро

podzemna železnica

тоннель

tunel

автобусная остановка

autobuska stanica

бар

bar

ресторан

restoran

почтовый ящик

poštansko sanduče

табличка с названием улицы

ulični znak

паркометр

parkirni automat

зоопарк

zoološki vrt

бассейн

bazen

мечеть

džamija

ферма
seosko gazdinstvo

загрязнение окружающей среды
zagađenje okoline

кладбище
groblje

церковь
crkva

детская площадка
igralište

храм
hram

ландшафт
pejsaž

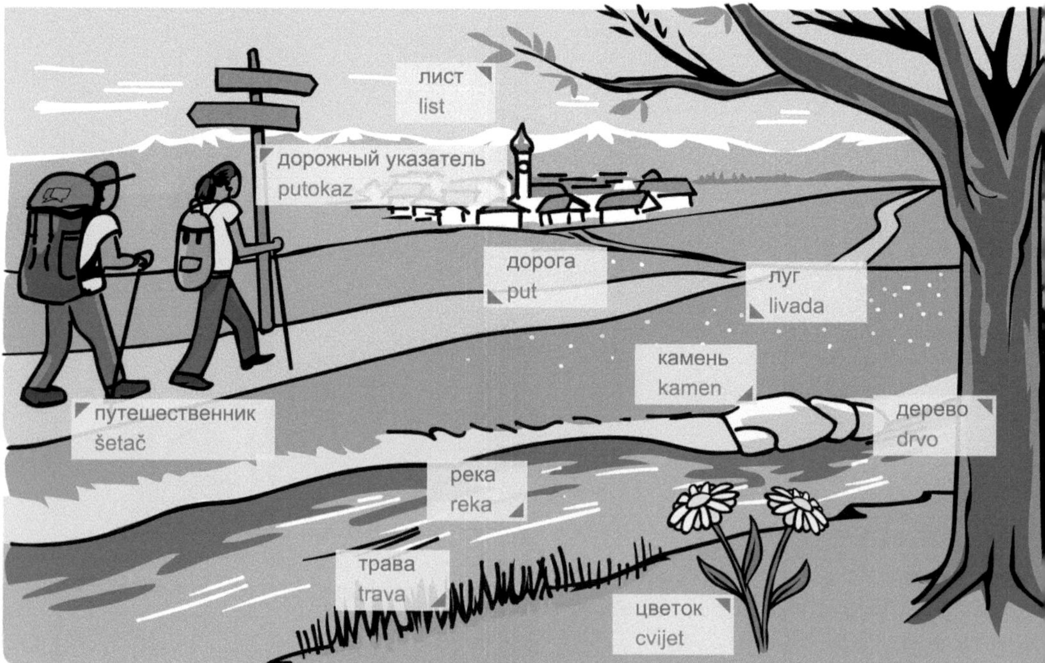

лист
list

дорожный указатель
putokaz

дорога
put

луг
livada

камень
kamen

путешественник
šetač

дерево
drvo

река
reka

трава
trava

цветок
cvijet

долина

dolina

гора

planina

озеро

jezero

лес

šuma

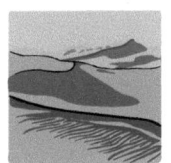

пустыня

pustinja

вулкан

vulkan

замок

dvorac

радуга

duga

гриб

gljiva

пальма

palma

комар

moskito

муха

muva

муравей

mrav

пчела

pčela

паук

pauk

жук

buba

лягушка

žaba

белка

veverica

еж

jež

заяц

zec

сова

sova

птица

ptica

лебедь

labud

кабан

divlja svinja

олень

jelen

лось

los

плотина

nasip

ветряной генератор

vetrenjača

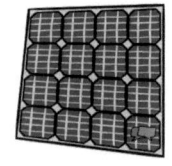

солнечная батарея

solarna ploča

климат

klima

ресторан
restoran

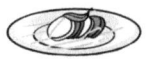

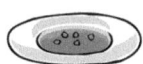

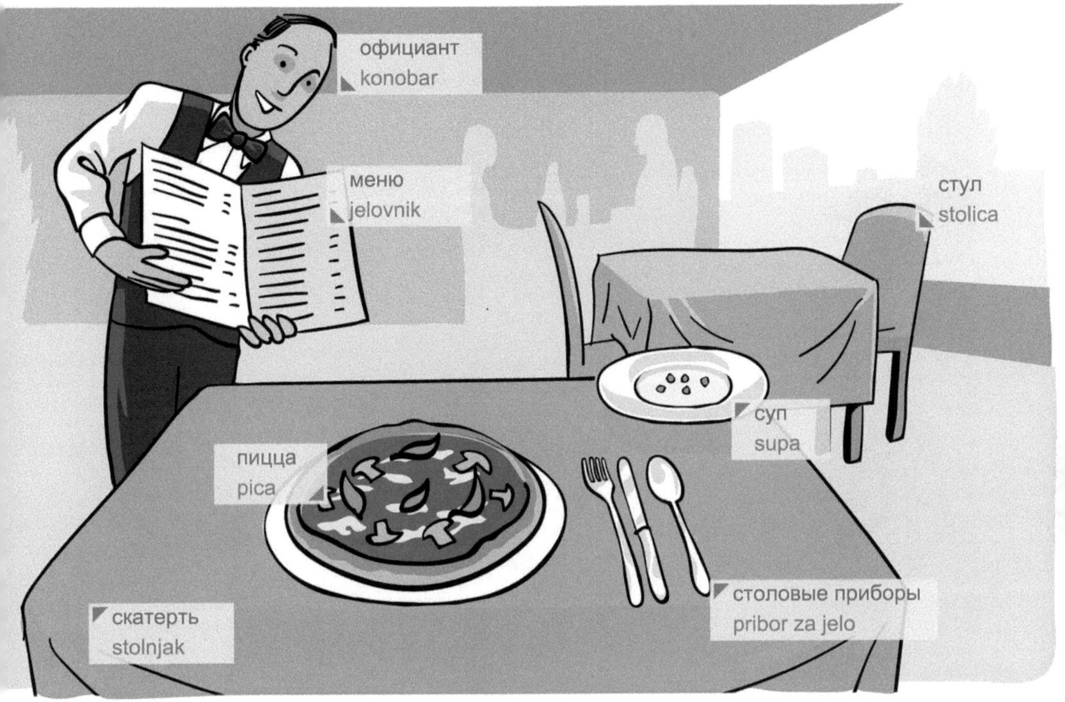
официант
konobar
меню
jelovnik
стул
stolica
суп
supa
пицца
pica
столовые приборы
pribor za jelo
скатерть
stolnjak

закуска

predjelo

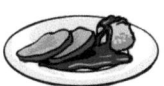

главное блюдо

glavno jelo

десерт

desert

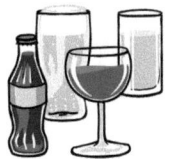

напитки

napitci

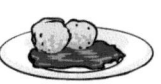

еда

jelo

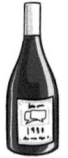

бутылка

flaša

фастфуд

brza hrana

уличная еда

imbis hrana

чайник

čajnik

сахарница

doza za šećer

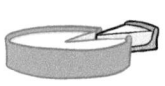

порция

porcija

кофеварка

aparat za espresso

детский стульчик

visoka stolica

счет

račun

поднос

poslužavnik

нож

nož

вилка

viljuška

ложка

kašika

чайная ложка

čajna kašika

салфетка

salveta

стакан

čaša

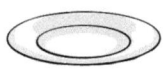

тарелка
tanjir

суповая тарелка
tanjir za supu

блюдце
tanjirić

соус
sos

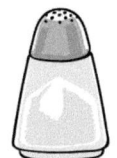

солонка
soljenka

мельница для перца
mlin za biber

уксус
sirće

масло
ulje

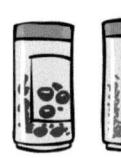

специи
začini

кетчуп
kečap

горчица
senf

майонез
majoneza

супермаркет
supermarket

специальное предложение
ponuda
FOR
покупатель
kupac
молочные продукты
mlečni proizvodi
фрукты
voće
тележка для покупок
kolica za kupovinu

BUTCHERS

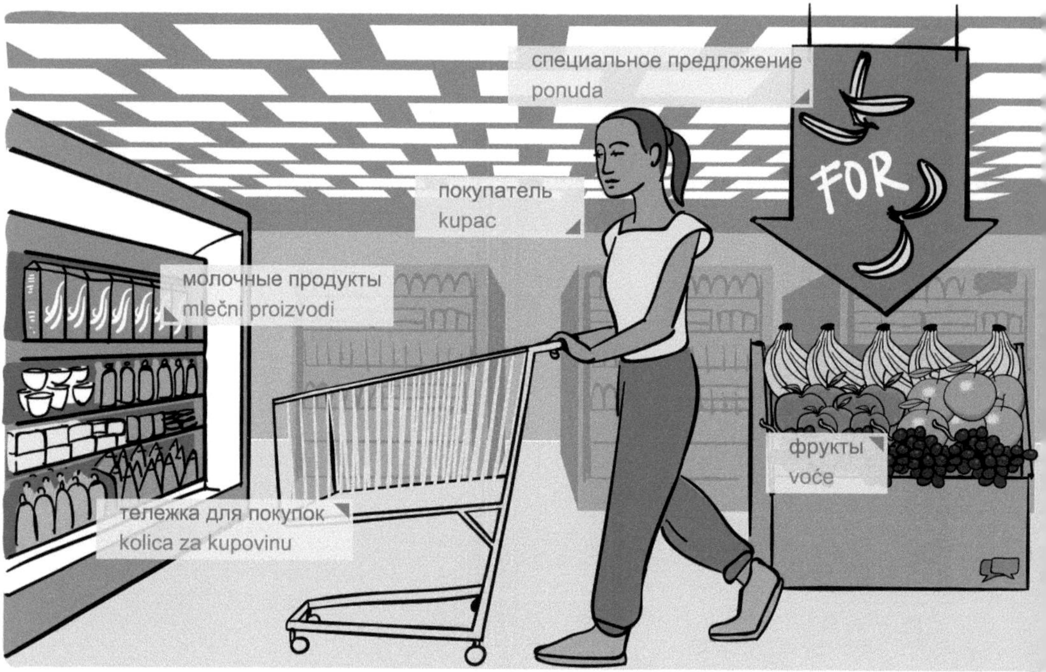

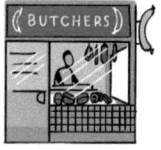

мясной магазин

mesnica

BAKERY

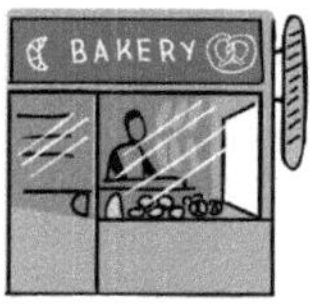

пекарня

pekara

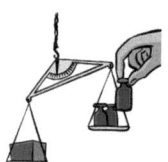

взвешивать

vagati

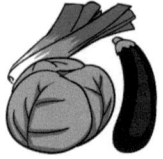

овощи

povrće

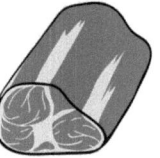

мясо

meso

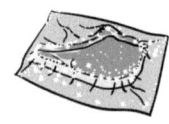

быстрозамороженные продукты

smrznuta hrana

нарезка

narezak

консервы

konzerve

стиральный порошок

sredstvo za pranje

сладости

slatkiši

предмет домашнего обихода

artikli za domaćinstvo

моющее средство

sredstva za čišćenje

продавщица

prodavačica

касса

blagajna

кассир

blagajnik

список покупок

lista za kupovinu

время работы

vreme rada

бумажник

novčanik

кредитная карточка

kreditna kartica

сумка

torba

полиэтиленовый пакет

plastična kesa

вода

voda

сок

sok

молоко

mleko

кока-кола

kola

вино

vino

пиво

pivo

алкоголь

alkohol

какао

kakao

чай

čaj

кофе

kava

эспрессо

espresso

капучино

cappuccino

банан

banana

яблоко

jabuka

апельсин

narandža

арбуз

lubenica

лимон

limun

морковь

šargarepa

чеснок

beli luk

бамбук

bambus

лук

luk

гриб

gljiva

орехи

orašasti plodovi

лапша

rezanci

спагетти

špagete

рис

riža

салат

salata

картофель фри

pomfrit

жареный картофель

pečeni krumpir

пицца

pica

гамбургер

hamburger

сэндвич

sendvič

шницель

šnicla

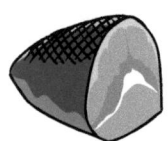

ветчина

šunka

салями

salama

колбаса

kobasica

курица

kokoš

жаркое

pečenje

рыба

riba

овсяные хлопья

zobene pahuljice

мюсли

musli

кукурузные хлопья

kukuruzne pahuljice

мука

brašno

круассан

kroasan

булочка

pecivo

хлеб

hleb

тост

toast

печенье

keksi

масло

maslac

творог

sveži sir

пирог

kolač

яйцо

jaje

яичница

jaje na oko

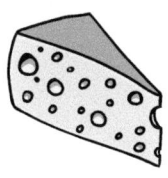

сыр

sir

мороженое

sladoled

сахар

šećer

мёд

med

мармелад

marmelada

крем с нугой

nugat krema

карри

kari

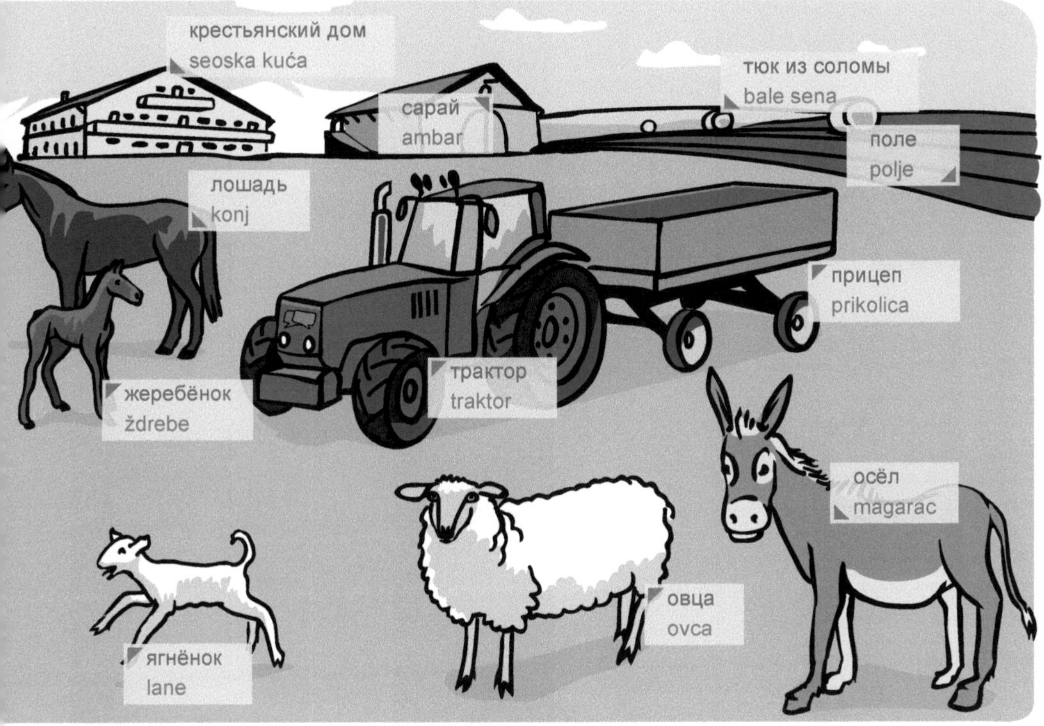

крестьянский дом
seoska kuća

сарай
ambar

тюк из соломы
bale sena

поле
polje

лошадь
konj

прицеп
prikolica

жеребёнок
ždrebe

трактор
traktor

осёл
magarac

ягнёнок
lane

овца
ovca

коза

koza

корова

krava

телёнок

tele

свинья

svinja

поросёнок

prase

бык

bik

гусь

guska

утка

patka

цыплёнок

pilići

курица

kokoš

петух

petao

крыса

pacov

кошка

mačka

мышь

miš

вол

vol

собака

pas

конура

kućica za psa

садовый шланг

vrtno crevo

лейка

kanta za polivanje

коса

kosa

плуг

plug

серп

srp

мотыга

motika

навозные вилы

viljuška za đubrivo

топор

sekira

тачка

tačke

корыто

korito

бидон для молока

posuda za mleko

мешок

vreća

забор

ograda

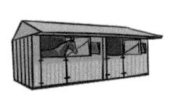

хлев

štala

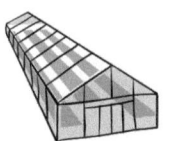

теплица

staklenik

почва

zemlja

посев

seme

удобрение

đubrivo

комбайн

kombajn

собирать урожай
žeti

урожай
žetva

ямс
jams začin

пшеница
pšenica

соя
soja

картофель
krumpir

кукуруза
kukuruz

рапс
uljana repica

фруктовое дерево
voćka

маниок
gomolj manioke

злаки
žitarice

дом
kuća

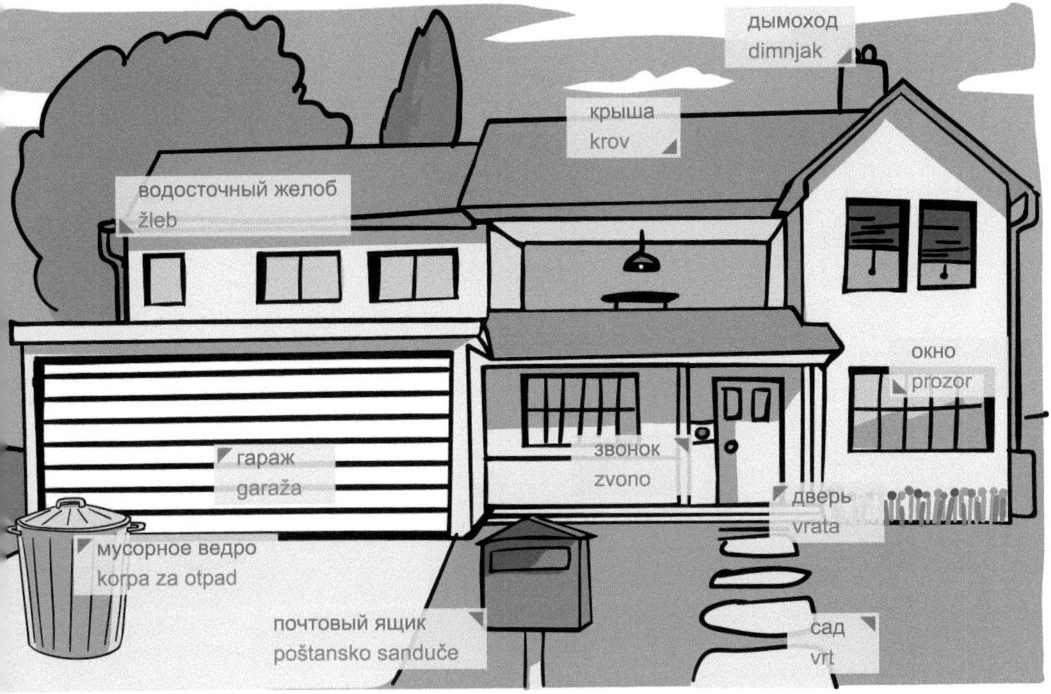
дымоход
dimnjak
крыша
krov
водосточный желоб
žleb
окно
prozor
гараж
garaža
звонок
zvono
дверь
vrata
мусорное ведро
korpa za otpad
почтовый ящик
poštansko sanduče
сад
vrt

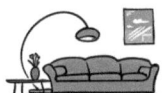

гостиная

dnevna soba

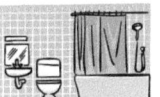

ванная комната

kupaonica

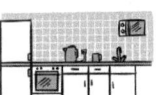

кухня

kuhinja

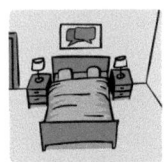

спальня

spavaća soba

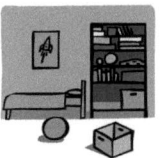

детская комната

dečija soba

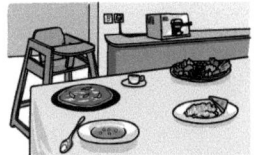

столовая

trpezarija

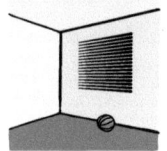

пол

pod

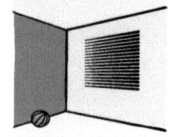

стена

zid

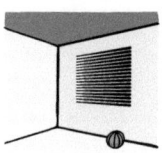

потолок

strop

подвал

podrum

сауна

sauna

балкон

balkon

терраса

terasa

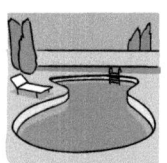

бассейн

bazen

газонокосилка

kosilica za travu

пододеяльник

posteljina za krevet

покрывало

deka za krevet

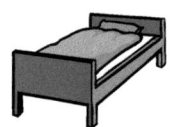

кровать

krevet

метла

metla

ведро

kanta

выключатель

prekidač

гостиная
dnevna soba

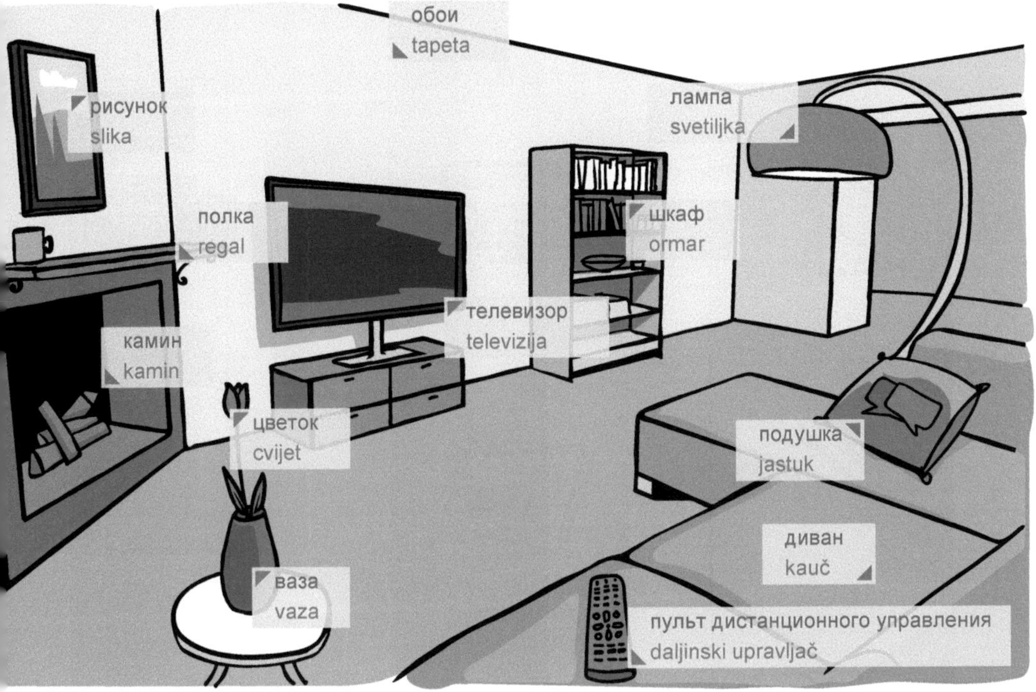
обои
tapeta
рисунок
slika
лампа
svetiljka
полка
regal
шкаф
ormar
телевизор
televizija
камин
kamin
цветок
cvijet
подушка
jastuk
диван
kauč
ваза
vaza
пульт дистанционного управления
daljinski upravljač

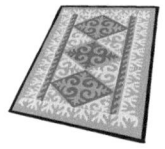

ковёр
tepih

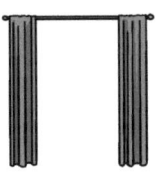

штора
zavesa

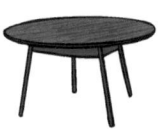

стол
sto

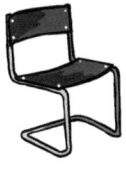

стул
stolica

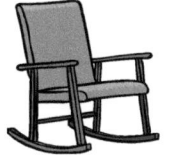

кресло-качалка
stolica za njihanje

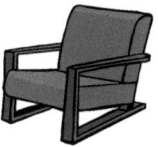

кресло
fotelja

книга
knjiga

покрывало
deka

украшение
dekoracija

дрова
drvo za ogrev

фильм
film

стереосистема
hi-fi uređaj

ключ
ključ

газета
novine

картина
slika na platnu

плакат
poster

радио
radio

блокнот
blok za pisanje

пылесос
usisivač

кактус
kaktus

свеча
sveća

кухня
kuhinja

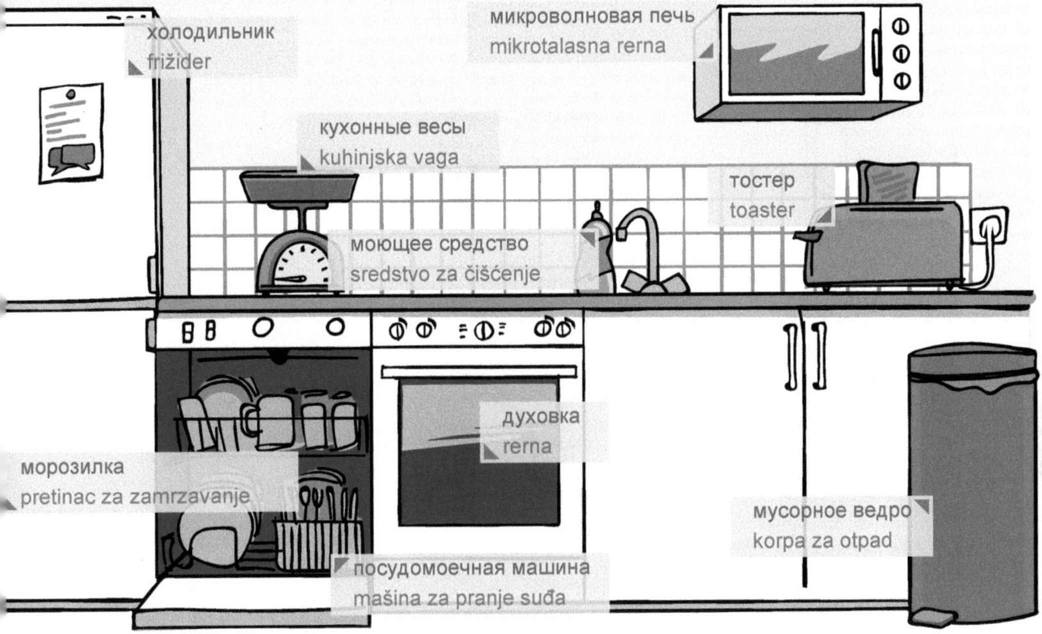
холодильник
frižider
микроволновая печь
mikrotalasna rerna
кухонные весы
kuhinjska vaga
тостер
toaster
моющее средство
sredstvo za čišćenje
духовка
rerna
морозилка
pretinac za zamrzavanje
мусорное ведро
korpa za otpad
посудомоечная машина
mašina za pranje suđa

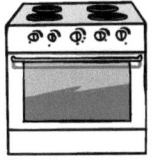

плита
šporet

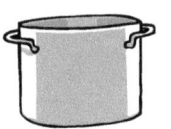

кастрюля
lonac

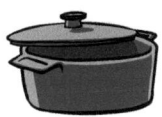

чугунный котелок
gvozdeni lonac

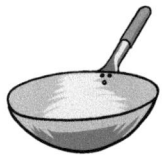

вок / кадай
wok / kadai

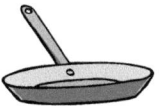

сковорода
tava

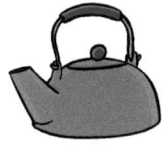

чайник
kuvalo za vodu

пароварка

kuvalo na paru

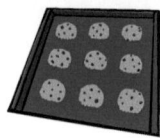

противень

lim za pečenje

посуда

posuđe

кружка

čaša

миска

posuda

палочки для еды

štapići za jelo

половник

kutlača

лопатка

lopatica

сбивалка

penjača

сито

sito za kuvanje

сито

sito

тёрка

ribež

ступка

mužar

гриль

roštilj

костёр

ognjište

доска
daska

скалка
oklagija

штопор
vadičep

жестяная банка
konzerva

консервный нож
otvarač konzervi

прихватка
krpa za lonac

раковина
sudoper

щетка
četka

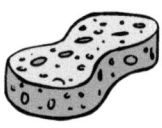

губка
sunđer

миксер
mikser

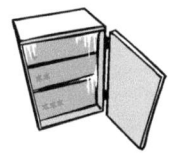

морозильная камера
zamrzivač

бутылочка для кормления
flašica za bebe

кран
slavina za vodu

ванная комната
kupaonica

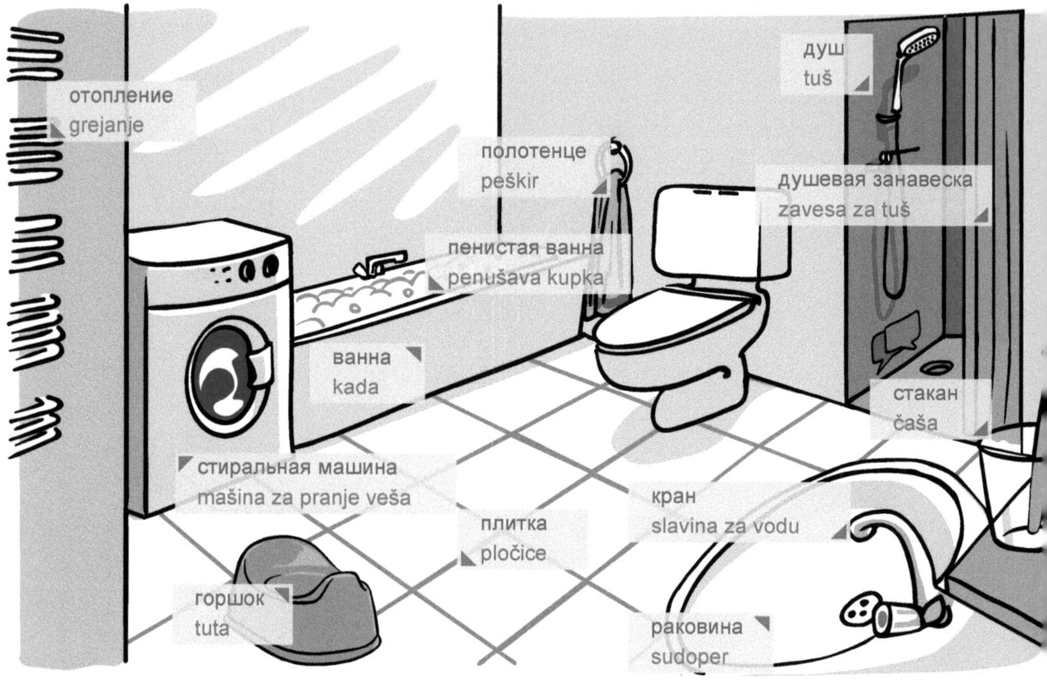

отопление
grejanje
душ
tuš
полотенце
peškir
душевая занавеска
zavesa za tuš
пенистая ванна
penušava kupka
ванна
kada
стакан
čaša
стиральная машина
mašina za pranje veša
кран
slavina za vodu
плитка
pločice
горшок
tuta
раковина
sudoper

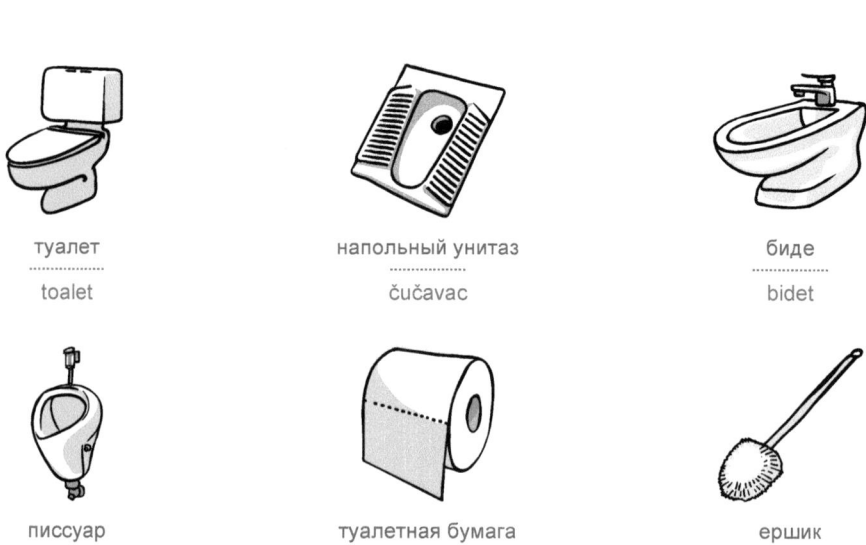

туалет

toalet

напольный унитаз

čučavac

биде

bidet

писсуар

pisoar

туалетная бумага

toaletni papir

ершик

četka za toalet

зубная щетка

četkica za zube

зубная паста

pasta za zube

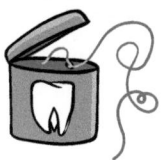

зубная нить

konac za zube

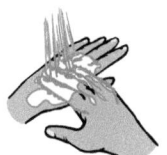

мыть

prati

ручной душ

tuš ručica

интимный душ

tuš za pranje intimnih delova

таз

lavor

щетка для спины

četka za pranje leđa

мыло

sapun

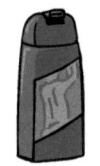

гель для душа

gel za tuširanje

шампунь

šampon

мочалка

krpa za pranje

сток

odvod

крем

krema

дезодорант

dezodorans

зеркало

ogledalo

ручное зеркало

kozmetičko ogledalo

бритва

brijač

пена для бритья

pena za brijanje

лосьон после бритья

losion za posle brijanja

расческа

češalj

щетка

četka

фен

fen za kosu

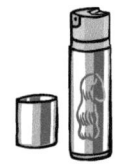

лак для волос

sprej za kosu

косметика

makeup

губная помада

ruž za usne

лак для ногтей

lak za nokte

вата

vata

маникюрные ножницы

makaze za nokte

духи

parfem

косметичка

kozmetička torbica

табуретка

stolica

весы

vaga

халат

ogrtač

резиновые перчатки

rukavice za čišćenje

тампон

tampon

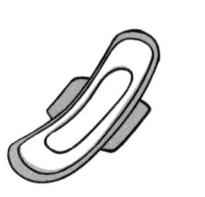

гигиеническая прокладка

uložak

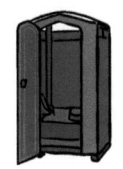

биотуалет

hemijski toalet

детская комната
dečija soba

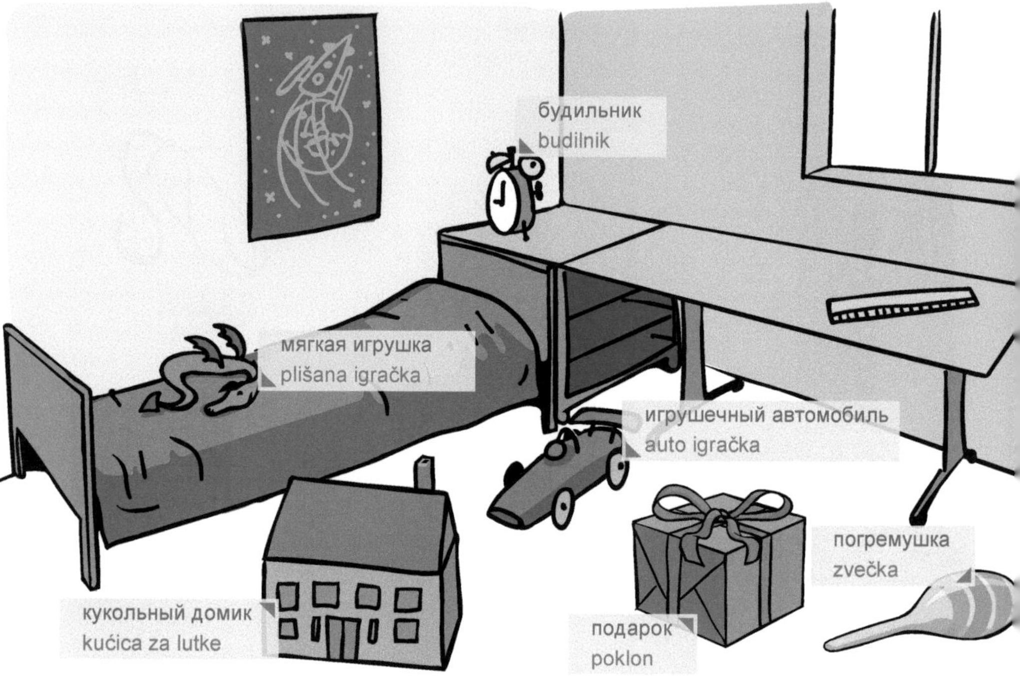

будильник
budilnik
мягкая игрушка
plišana igračka
игрушечный автомобиль
auto igračka
погремушка
zvečka
кукольный домик
kućica za lutke
подарок
poklon

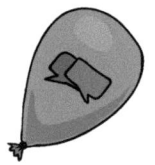

воздушный шар

balon

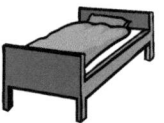

кровать

krevet

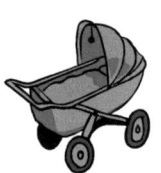

детская коляска

dječija kolica

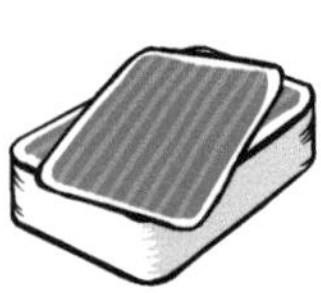

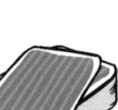

карточная игра

igra s kartama

пазл

slagalica

SUPER
MEGA

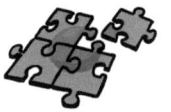

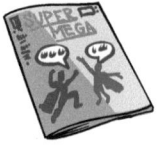

комикс

strip

кирпичики Лего

lego kockice

кубики

kockice za slaganje

игрушечная фигурка

akcioni junak

ползунки

benkica za bebe

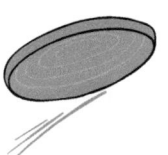

фрисби

frizbi

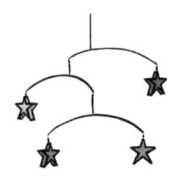

мобиле

viseće igračke

настольная игра

društvene igre

кубик

kocka

модель железной дороги

minijaturna željeznica

соска

duda

вечеринка

zabava

книга с картинками

slikovnica

мяч

lopta

кукла

lutka

играть

igrati

песочница

pješčanik

качели

ljuljačka

игрушка

igračka

игровая приставка

konzola za igre

трёхколесный велосипед

tricikl

плюшевый медвежонок

tedi

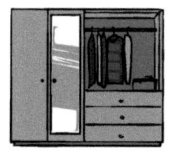

шкаф для одежды

ormar

одежда

odeća

носки

kratke čarape

чулки

čarape

колготки

hulahopke

шарф
šal

ремень
kaiš

зонтик
kišobran

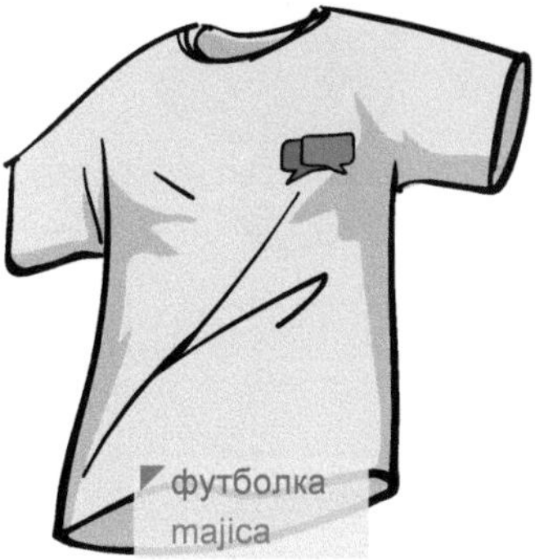

футболка
majica

кроссовки
patike

сапоги
čizme

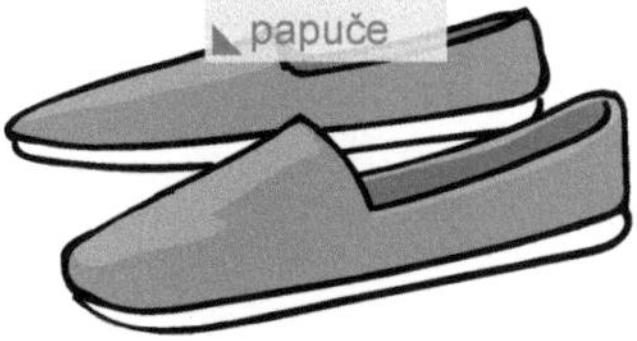

тапки
papuče

сандалии
sandale

ботинки
cipele

резиновые сапоги
gumene čizme

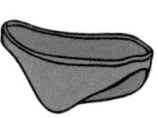

трусы
gaćice

бюстгальтер
grudnjak

майка
potkošulja

боди
bodi

брюки
pantalone

джинсы
farmerke

юбка
suknja

блузка
bluza

рубашка
košulja

свитер
džemper

свитер
džemper s kapuljačom

спортивная куртка
sako

жакет
jakna

пальто
kaput

плащ
kabanica

костюм
kostim

платье
haljina

свадебное платье
venčanica

мужской костюм

odelo

ночная сорочка

spavaćica

пижама

pidžama

сари

sari

платок

marama za glavu

тюрбан

turban

паранджа

burka

кафтан

kaftan

абайя

abaja

купальник

kupaći kostim

плавки

kupaće gaćice

шорты

kratke pantalone

спортивный костюм

odeća za trening

фартук

kecelja

перчатки

rukavice

пуговица

dugme

очки

naočare

браслет

narukvica

цепочка

ogrlica

кольцо

prsten

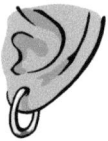

серьга

naušnica

шапка

kapa

вешалка

vešalica

шляпа

šešir

галстук

kravata

застежка молния

patent zatvarač

шлем

kaciga

подтяжки

naramenice

школьная форма

školska uniforma

форма

uniforma

детский нагрудник

podbradak

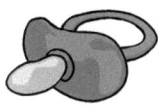

соска

duda

подгузник

pelena

офис
kancelarija

сервер
server

канцелярский шкаф
ormar za spise

принтер
štampač

монитор
monitor

бумага
papir

мышь
miš

письменный стол
pisaći stol

папка
mapa

клавиатура
tastatura

стул
stolica

корзина для бумаг
košara za papir

компьютер
kompjuter

кофейная кружка

šalica za kavu

калькулятор

kalkulator

интернет

internet

ноутбук

laptop

письмо

pismo

сообщение

poruka

мобильный телефон

mobilni telefon

сеть

mreža

ксерокс

uređaj za kopiranje

программа

softver

телефон

telefon

розетка

utičnica

факс

faks

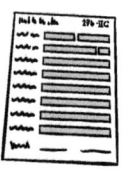

формуляр

formular

документ

dokument

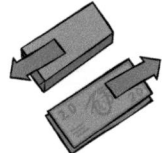

покупать
kupovati

платить
platiti

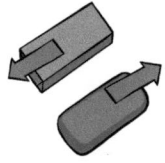

торговать
trgovati

деньги
novac

USD

доллар
dolar

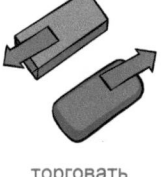

EUR

евро
evro

**JPY**

иена
jen

**RUB**

рубль
rublja

**CHF**

франк
švajcarski franak

**CNY**

жэньминьби юань
renmindbi juan

**INR**

рупия
rupija

банкомат
automat za novac

пункт обмена валюты

menjačnica

золото

zlato

серебро

srebro

нефть

nafta

энергия

energija

цена

cena

договор

ugovor

налог

porez

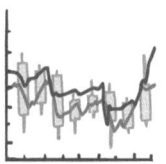

акция

deonica

работать

raditi

служащий

službenik

работодатель

poslodavac

фабрика

fabrika

магазин

prodavnica

профессии
zanimanja

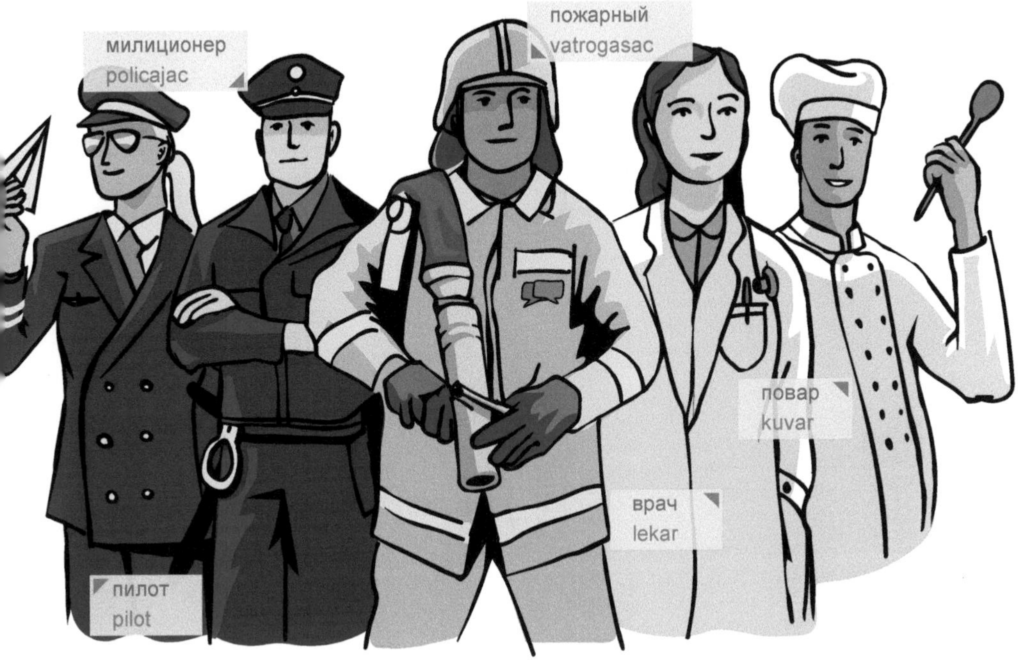
милиционер
policajac
пожарный
vatrogasac
повар
kuvar
врач
lekar
пилот
pilot

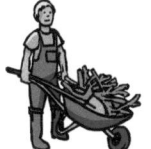

садовник

vrtlar

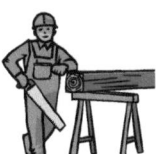

столяр

stolar

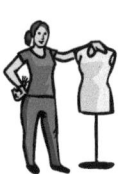

швея

krojačica

судья

sudija

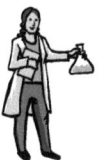

химик

hemičar

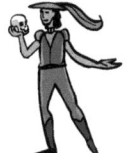

актёр

glumac

водитель автобуса

vozač autobusa

таксист

vozač taksija

рыбак

ribar

уборщица

čistačica

кровельщик

krovopokrivač

официант

konobar

охотник

lovac

художник

slikar

пекарь

pekar

электрик

električar

строитель

građevinski radnik

инженер

inženjer

мясник

mesar

сантехник

limar

почтальон

poštar

солдат

vojnik

архитектор

arhitekta

кассир

blagajnik

флорист

cvećar

парикмахер

frizer

кондуктор

kondukter

механик

mehaničar

капитан

kapetan

зубной врач

zubar

ученый

naučnik

раввин

rabi

имам

imam

монах

monah

священник

svećenik

инструменты

alati

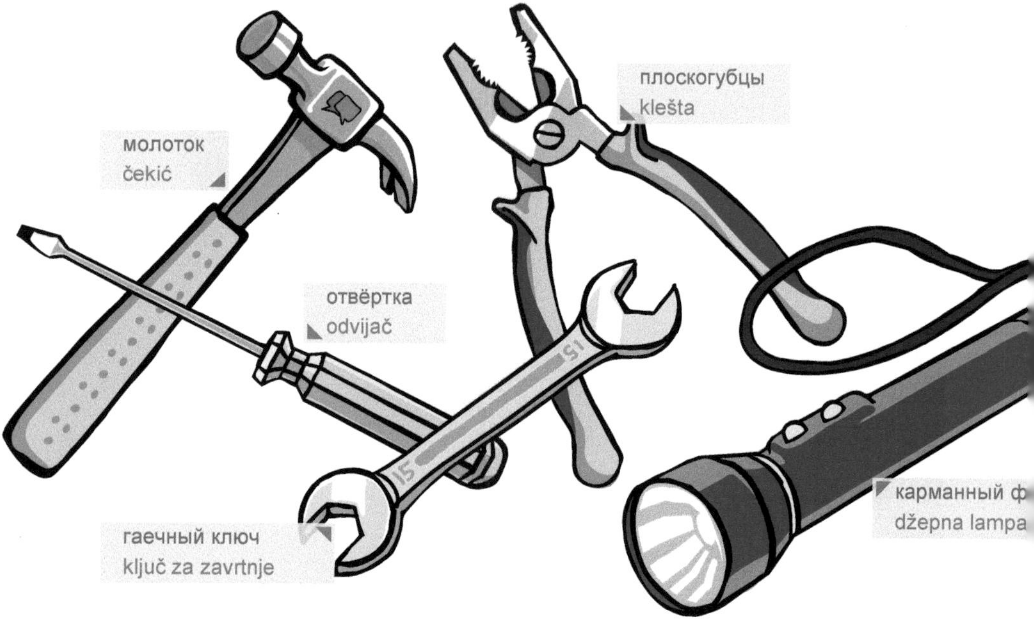
молоток
čekić
плоскогубцы
klešta
отвёртка
odvijač
гаечный ключ
ključ za zavrtnje
карманный ф
džepna lampa

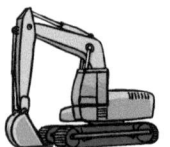

экскаватор

bager

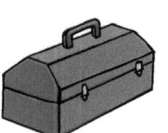

ящик для инструментов

kutija za alat

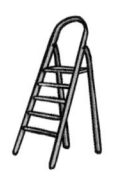

стремянка

merdevine

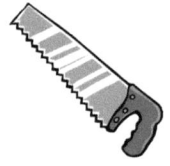

пила

pila

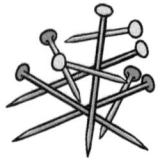

гвозди

ekser

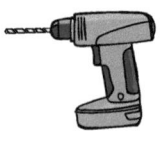

дрель

bušilica

ремонтировать

popraviti

лопата

lopata

Блин!

do đavola!

совок

lopatica

ведро с краской

lonac za boju

винты

zavrtanji

музыкальные инструменты
muzički instrument

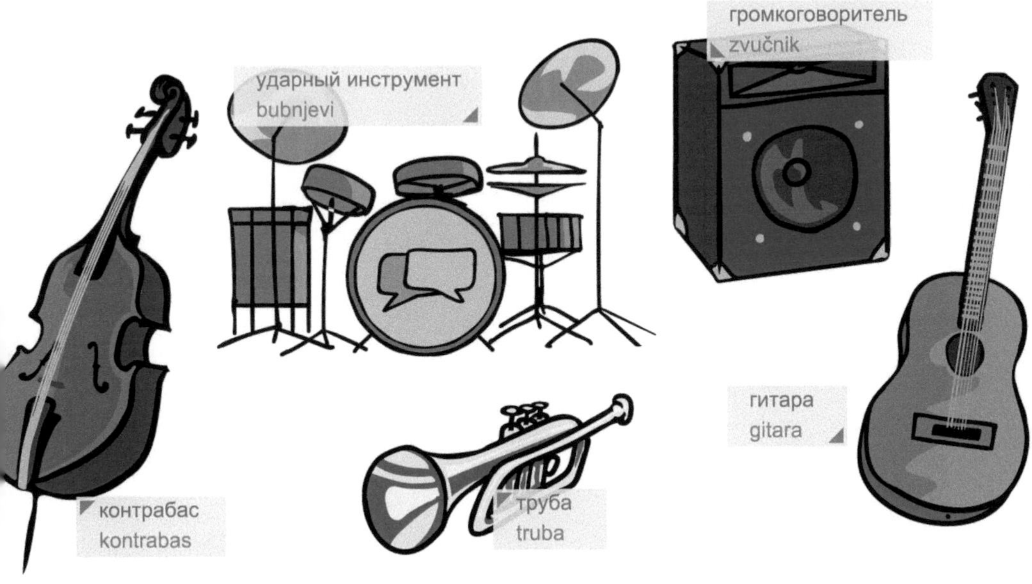

громкоговоритель
zvučnik

ударный инструмент
bubnjevi

гитара
gitara

контрабас
kontrabas

труба
truba

пианино

klavir

скрипка

violina

бас-гитара

bas

литавры

timpani

барабан

udaraljke za bubnjeve

синтезатор

tipke klavira

саксофон

saksofon

флейта

flauta

микрофон

mikrofon

зоопарк
zoološki vrt

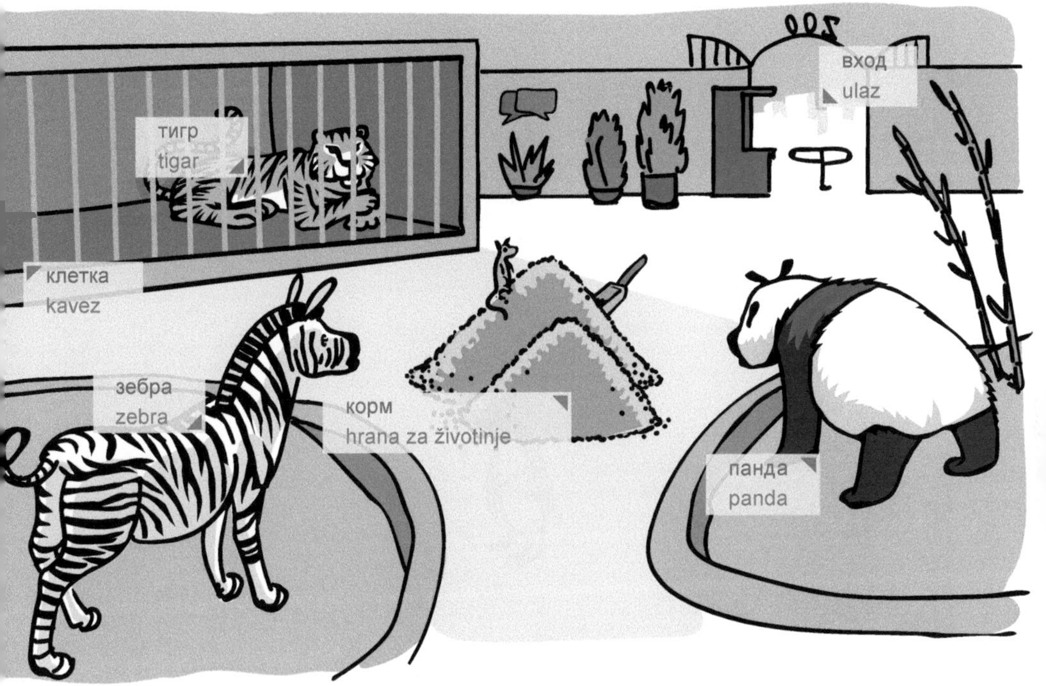
вход
ulaz
тигр
tigar
клетка
kavez
зебра
zebra
корм
hrana za životinje
панда
panda

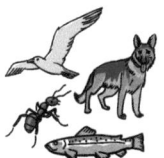

животные

životinje

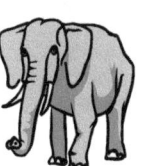

слон

slon

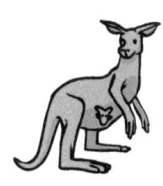

кенгуру

kengur

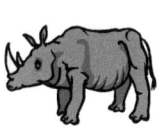

носорог

nosorog

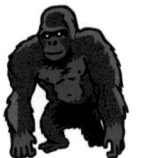

горилла

gorila

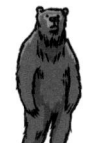

медведь

medved

верблюд

kamila

страус

noj

лев

lav

обезьяна

majmun

фламинго

flamingo

попугай

papagaj

белый медведь

polarni medved

пингвин

pingvin

акула

ajkula

павлин

paun

змея

zmija

крокодил

krokodil

служитель зоопарка

čuvar u zoološkom vrtu

тюлень

tuljan

ягуар

jaguar

пони

poni

леопард

leopard

бегемот

nilski konj

жираф

žirafa

орёл

orao

кабан

divlja svinja

рыба

riba

черепаха

kornjača

морж

morž

лиса

lisica

газель

gazela

американский футбол
američki nogomet

езда на велосипеде
biciklizam

теннис
tenis

баскетбол
košarka

плавание
plivanje

бокс
boks

хоккей
hokej na ledu

футбол

fudbal

бадминтон

badminton

лёгкая атлетика

atletika

гандбол

rukomet

лыжный спорт

skijanje

поло

polo

действия
aktivnosti

смеяться
smejati se
прыгать
skočiti
обнимать
zagrliti
идти
ići
петь
pevati
мечтать
sanjati
молиться
moliti se
целовать
poljubiti

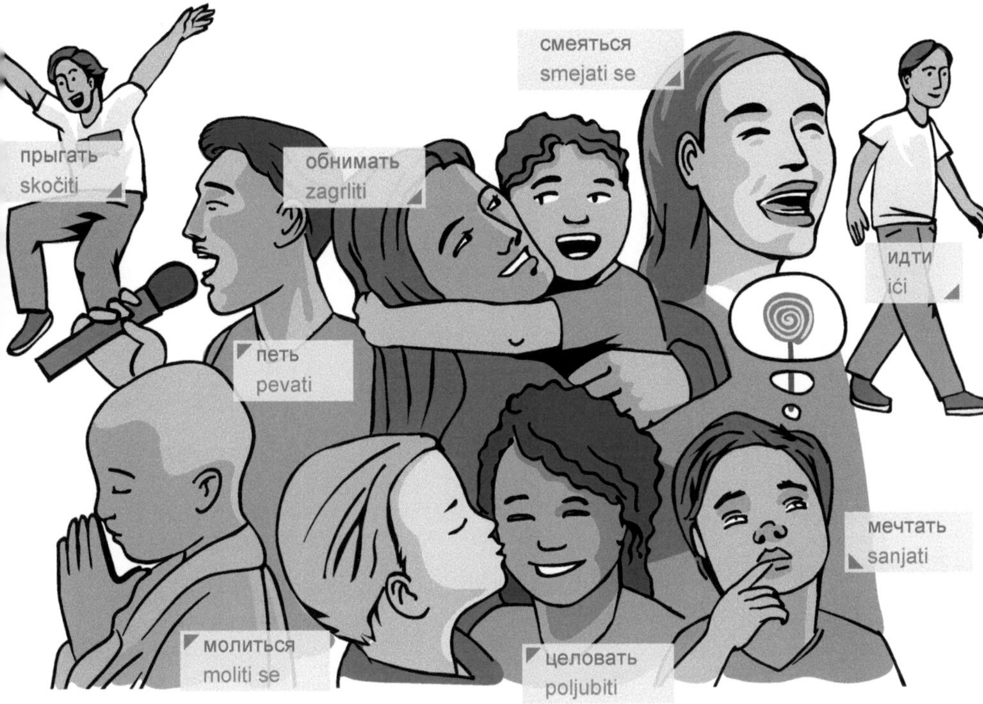

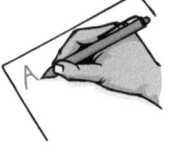

писать

pisati

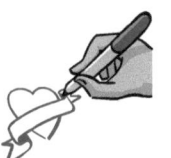

рисовать

crtati

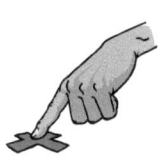

показывать

pokazati

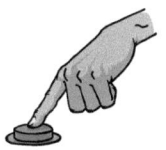

нажимать

gurati

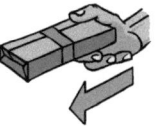

давать

dati

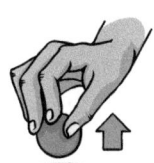

брать

uzeti

иметь
imati

делать
činiti

быть
biti

стоять
stojati

бежать
trčati

тянуть
povlačiti

бросать
baciti

падать
padati

лежать
ležati

ждать
čekati

носить
nositi

сидеть
sediti

надевать
oblačiti

спать
spavati

просыпаться
probuditi se

рассматривать

gledati

плакать

plakati

гладить

milovati

причесывать

češljati

говорить

govoriti

понимать

razumeti

спрашивать

pitati

слушать

slušati

пить

piti

кушать

jesti

наводить порядок

pospremiti

любить

voleti

готовить

kuhati

ехать

voziti

летать

leteti

ходить под парусом

ploviti

считать

računati

читать

čitati

учиться

učiti

работать

raditi

вступать в брак

venčati se

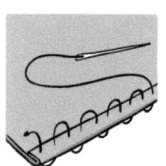

шить

šiti

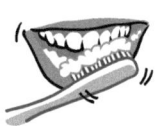

чистить зубы

prati zube

убивать

ubiti

курить

pušiti

отправлять

poslati

семья
porodica

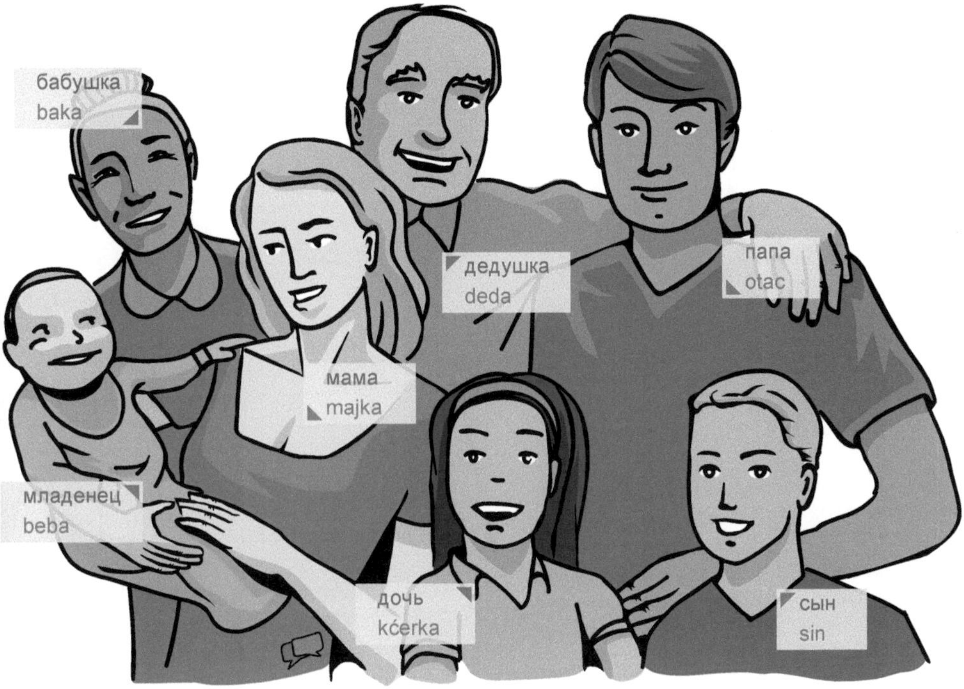
бабушка
baka
дедушка
deda
папа
otac
мама
majka
младенец
beba
дочь
kćerka
сын
sin

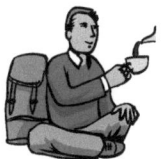

гость

gost

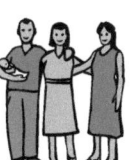

тетя

tetka

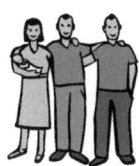

дядя

ujak, stric

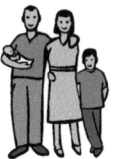

брат

brat

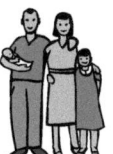

сестра

sestra

тело

telo

лоб
čelo
глаз
oko
плечо
rame
палец
prst
лицо
lice
подбородок
brada
кисть
ruka
грудь
grudi
нога
noga
рука
ruka

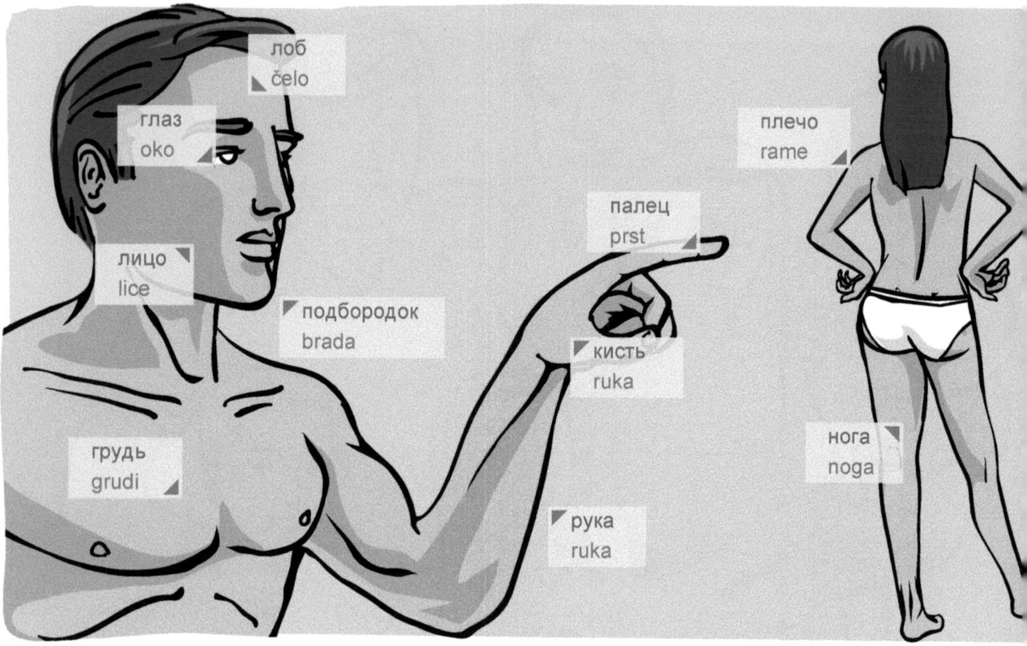

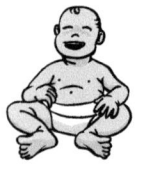

младенец

beba

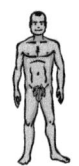

мужчина

muškarac

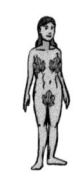

женщина

žena

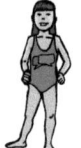

девочка

devojčica

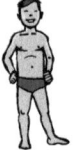

мальчик

dečak

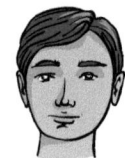

голова

glava

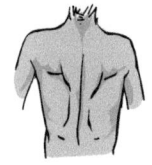

спина

leđa

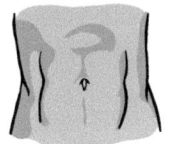

живот

stomak

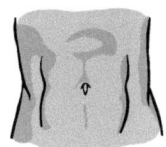

пупок

pupak

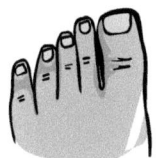

палец ноги

nožni prst

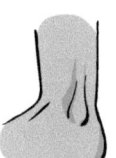

пятка

peta

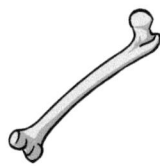

кость

kost

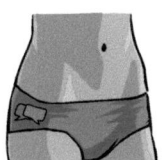

бедро

kukovi

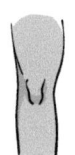

колено

koleno

локоть

lakat

нос

nos

ягодицы

zadnjica

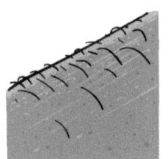

кожа

koža

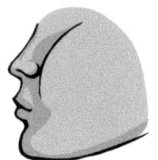

щека

obraz

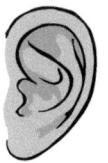

ухо

uvo

губа

usna

тело - telo

рот

usta

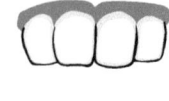

зуб

zub

язык

jezik

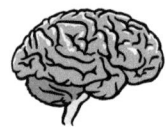

мозг

mozak

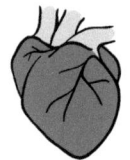

сердце

srce

мышца

mišić

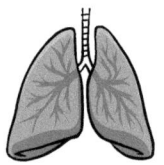

лёгкое

pluća

печень

jetra

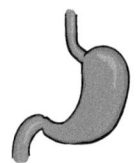

желудок

želudac

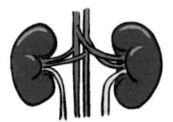

почки

bubrezi

половой акт

polni odnos

презерватив

kondom

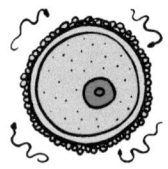

яйцеклетка

jajna ćelija

сперма

sperma

беременность

trudnoća

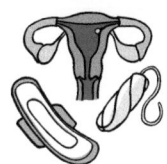

менструация

menstruacija

вагина

vagina

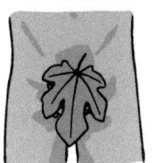

пенис

penis

бровь

obrva

волосы

kosa

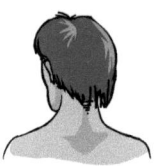

шея

vrat

больница
bolnica

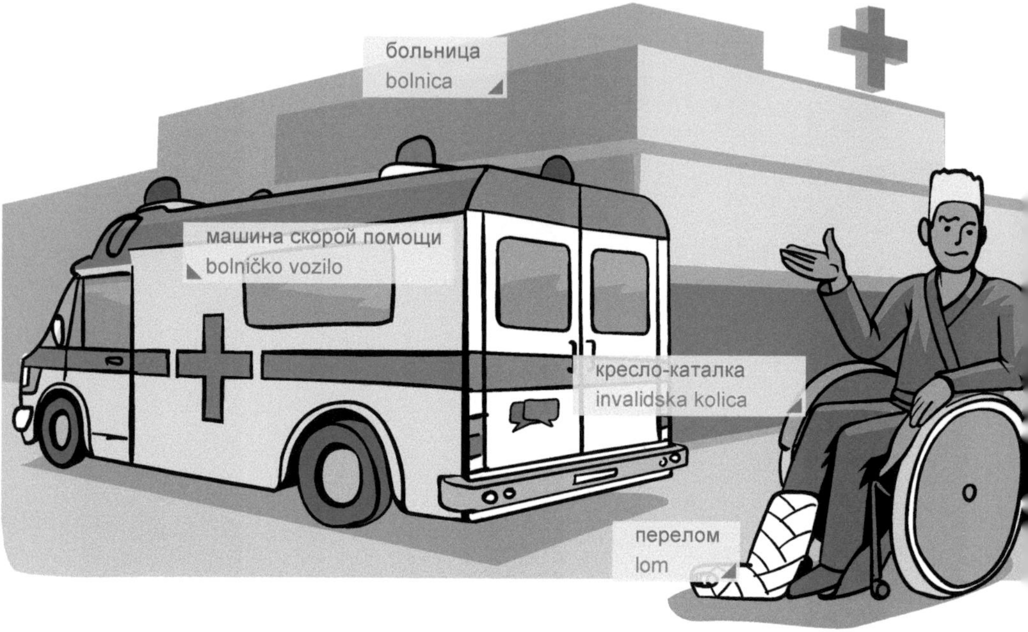

больница
bolnica
машина скорой помощи
bolničko vozilo
кресло-каталка
invalidska kolica
перелом
lom

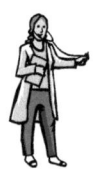

врач
lekar

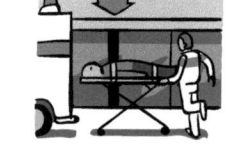

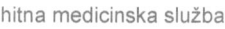

пункт первой помощи
hitna medicinska služba

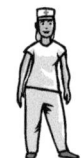

медсестра
medicinska sestra

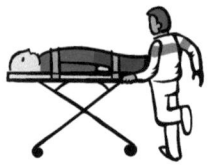

неотложный случай
hitni slučaj

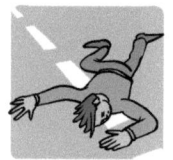

без сознания
nesvest

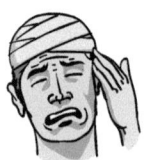

боль
bol

повреждение

povreda

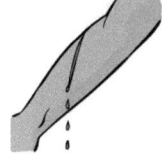

кровотечение

krvarenje

инфаркт

srčani udar

инсульт

udar

аллергия

alergija

кашель

kašalj

вышенная температура

groznica

грипп

gripa

понос

proliv

головная боль

glavobolja

рак

rak

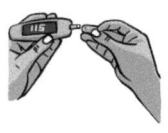

диабет

dijabetes

хирург

hirurg

скальпель

skalpel

операция

operacija

КТ

ct

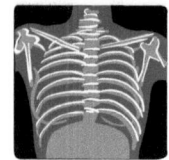

рентген

rentgen

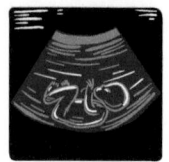

ультразвук

ultrazvuk

маска

maska

болезнь

bolest

приёмная

čekaona

костыль

štaka

пластырь

flaster

бинт

zavoj

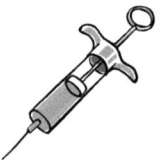

укол

injekcija

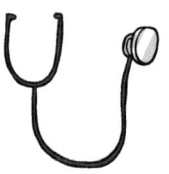

стетоскоп

stetoskop

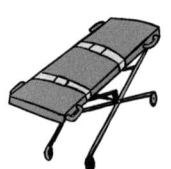

носилки

nosila

термометр

termometar

рождение

rođenje

избыточный вес

prekomerna težina

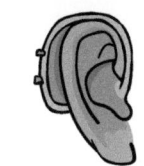

слуховой аппарат

slušni aparat

дезинфекционное средство

sredstvo za dezinfekciju

инфекция

infekcija

вирус

virus

ВИЧ / СПИД

HIV / AIDS

лекарство

medicina

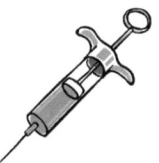

прививка

vakcinacija

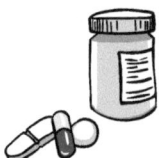

таблетки

tablete

противозачаточная таблетка

pilula

экстренный вызов

hitni poziv

прибор для измерения кровяного давления

uređaj za merenje pritiska

больной / здоровый

bolesno / zdravo

сигнал тревоги

alarm

нападение

nasrtaj

Помогите!

pomoć!

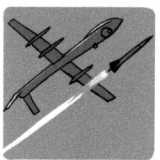

атака

napad

опасность

opasnost

запасной выход

izlaz u slučaju nužde

Пожар!

požar!

огнетушитель

protivpožarni aparat

несчастный случай

nezgoda

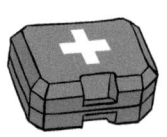

аптечка

kutija prve pomoći

SOS

sos

милиция

policija

Европа

Evropa

Северная Америка

Severna Amerika

Южная Америка

Južna Amerika

Африка

Afrika

Азия

Azija

Австралия

Australija

Атлантический океан

Atlantik

Тихий океан

Pacifik

Индийский океан

Indijski okean

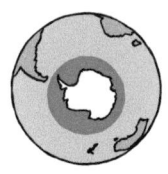

Антарктический океан

Antarktički okean

Северный Ледовитый
океан
Arktički ocean

Северный полюс

Severni pol

Южный полюс

Južni pol

Антарктика

Antarktik

земля

zemlja

суша

zemlja

море

more

остров

otok

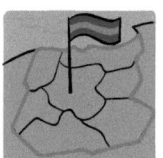

нация

nacija

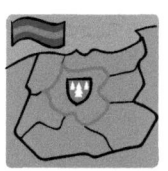

государство

država

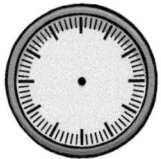

циферблат

brojčanik sata

часовая стрелка

satna kazaljka

минутная стрелка

minutna kazaljka

секундная стрелка

sekundna kazaljka

Который час?

Koliko je sati?

день

dan

время

vreme

сейчас

sada

электронные часы

digitalni sat

минута

minuta

час

čas

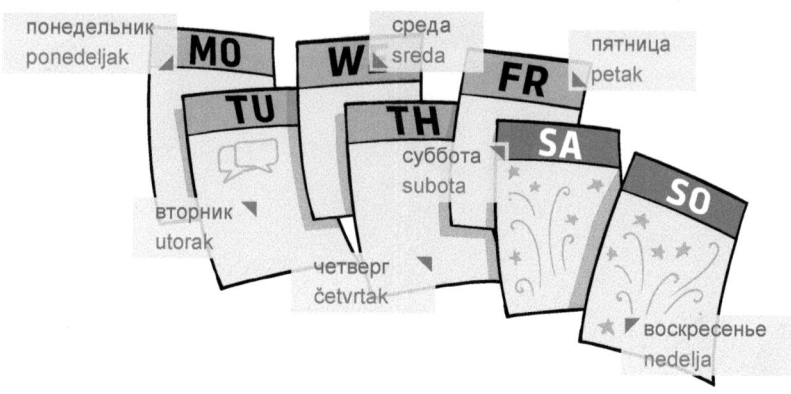

понедельник
ponedeljak

среда
sreda

пятница
petak

вторник
utorak

суббота
subota

четверг
četvrtak

воскресенье
nedelja

вчера
juče

сегодня
danas

завтра
sutra

утро
jutro

полдень
podne

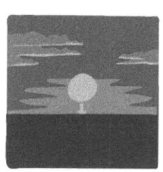

вечер
veče

рабочие дни
radni dani

выходные
vikend

год
godina

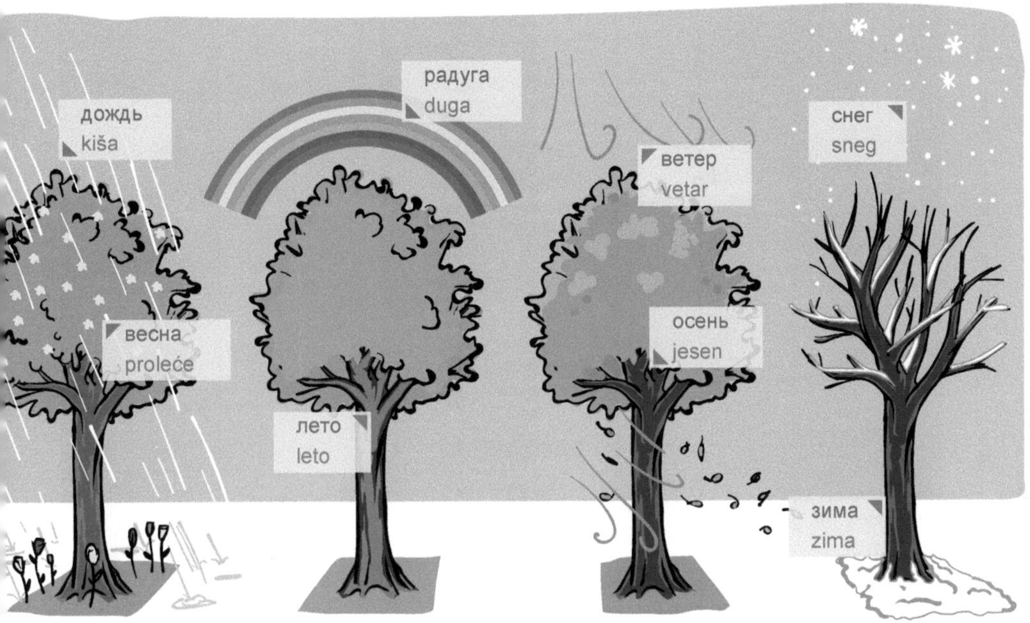

дождь
kiša
радуга
duga
ветер
vetar
снег
sneg
весна
proleće
лето
leto
осень
jesen
зима
zima

4.APRIL 11°
5.APRIL 4°
6.APRIL 13°
7.APRIL 8°
8.APRIL 10°

прогноз погоды

neteorološka prognoza

F C
120 40
90 30
60 20
30 10
0 0
-30 -10
-20

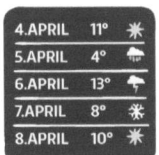

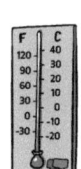

термометр

termometar

солнечный свет

sunčana svetlost

туча

oblak

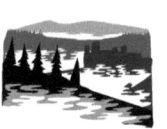

туман

magla

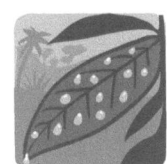

влажность воздуха

vlažnost vazduha

молния
....
munja

гром
....
grmljavina

буря
....
oluja

град
....
tuča

муссон
....
monsun

наводнение
....
poplava

лёд
....
led

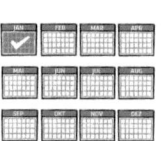

январь
....
januar

февраль
....
februar

март
....
mart

апрель
....
april

май
....
maj

июнь
....
juni

июль
....
juli

август
....
avgust

сентябрь

septembar

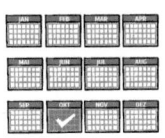

октябрь

oktobar

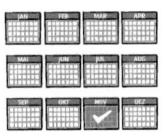

ноябрь

novembar

декабрь

decembar

формы

oblici

круг

krug

квадрат

kvadrat

прямоугольник

pravougao

треугольник

trougao

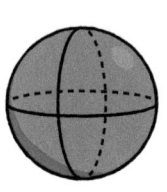

шар

kugla

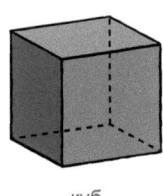

куб

kocka

белый

bela

желтый

žuta

оранжевый

narandžasta

розовый

ružičasta

красный

crvena

лиловый

ljubičasta

синий

plava

зелёный

zelena

коричневый

smeđa

серый

siva

черный

crna

много / мало

mnogo / malo

яростный / мирный

ljutito / mirno

красивый / уродливый

lepo / ružno

начало / конец

početak / kraj

большой / маленький

veliko / maleno

светлый / темный

svetlo / tamno

брат / сестра

brat / sestra

чистый / грязный

čisto / prljavo

полный / неполный

potpuno / nepotpuno

день / ночь

dan / noć

мёртвый / живой

mrtvo / živo

широкий / узкий

široko / usko

съедобный / несъедобный

jestivo / nejestivo

злой / дружелюбный

zlo / dobro

взволнованный / скучающий

uzbuđeno / dosadno

толстый / худой

debelo / mršavo

сначала / в конце

na početku / na kraju

друг / враг

prijatelj / neprijatelj

полный / пустой

puno / prazno

твёрдый / мягкий

tvrdo / mekano

тяжёлый / легкий

teško / lagano

голод / жажда

glad / žeđ

больной / здоровый

bolesno / zdravo

незаконный / законный

ilegalno / legalno

умный / глупый

pametno / glupo

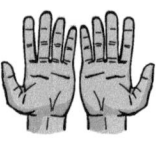

слева / справа

levo / desno

близко / далеко

blizu / daleko

овый / подержанный

novo / polovno

ничто / нечто

ništa / nešto

старый / молодой

staro / mlado

ключено / выключено

uključeno / isključeno

открыто / закрыто

otvoreno / zatvoreno

тихо / громко

tiho / glasno

богатый / бедный

bogato / siromašno

правильный /
неправильный
tačno / pogrešno

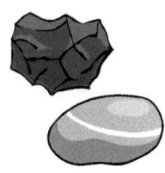

шероховатый / гладкий

hrapavo / glatko

чальный / счастливый

tužno / sretno

короткий / длинный

kratko / dugo

медленный / быстрый

polako / brzo

мокрый / сухой

mokro / suho

тёплый / прохладный

toplo / hladno

война / мир

rat / mir

цифры

brojevi

0

ноль

nula

1

один

jedan

2

два

dva

3

три

tri

4

четыре

četiri

5

пять

pet

6

шесть

šest

7

семь

sedam

8

восемь

osam

9

девять

devet

10

десять

deset

11

одиннадцать

jedanaest

12

двенадцать

dvanaest

13

тринадцать

trinaest

14

четырнадцать

četrnaest

15

пятнадцать

petnaest

16

шестнадцать

šestnaest

17

семнадцать

sedamnaest

18

восемнадцать

osamnaest

19

девятнадцать

devetnaest

20

двадцать

dvadeset

100

сто

stotinu

1.000

тысяча

hiljadu

1.000.000

миллион

milion

английский

engleski

американский английский

američki engleski

мандаринский китайский

mandarinski kineski

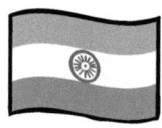

хинди

hindski

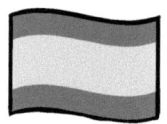

испанский

španski

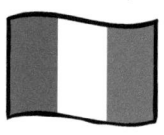

французский

francuski

арабский

arapski

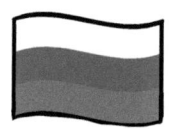

русский

ruski

португальский

portugalski

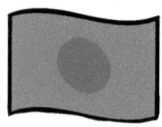

бенгальский

bengalski

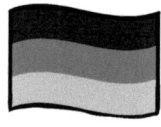

немецкий

nemački

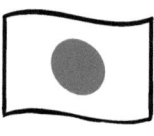

японский

japanski

я

ja

ты

ti

он / она / оно

on / ona / ono

мы

mi

вы

vi

они

oni

кто?

Ko?

что?

Šta?

как?

Kako?

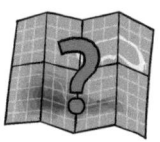

где?

Gde?

когда?

Kada?

имя

ime

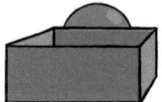

за
....
iza

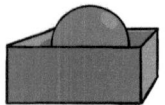

в
....
u

перед
....
ispred

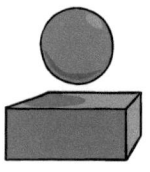

над
....
preko

на
....
na

под
....
ispod

рядом
....
pored

между
....
između

место
....
mesto